MEVSİMLER
kitap

GÜLDÜRÜ KİTABI

ISBN: 978-605-9275-92-7

Yayın No
90

Kategori
Çocuk Edebiyatı

Yayın-Yönetim
Özgen ÖZTÜRK

Mizanpaj
Büşra UZUN - GrafikerBu

Kapak Tasarım
Altamira Adworks

2. Baskı: Ağustos 2020

Baskı: MC Matbaa Limited Şirketi Maltepe Mah. Davutpaşa Cad.
Güven Sanayi Çarşısı No:83 C Blok/220-221 Zeytinburnu - İSTANBUL
Sertifika No: 43257

Mevsimler Kitap
Balabanağa Mh. Büyük Reşitpaşa Cd.
Yümni iş Merkezi 16-B/49 Fatih-İS
Yayıncı Sertifika Numarası: 43384
Telefon : 0212-514-4426
info@mevsimlerkitap.com

Cemalettin E. Kavaklıgil

MASALCI DEDE

GÜLDÜRÜ KİTABI

(Bu kitap M.E.B. Talim ve Terbiye Kurulu Başkanlığı'nın 16.01.2001 tarih ve 510 sayılı kararı ile İlköğretim okulu öğrencilerine uygun görülmüştür.)

MEVSİMLER
kitap

İÇİNDEKİLER

Körleri Eğitim ve Kalkındırma Derneği Samsun Şubesi tarafından 11 kez basılmış, telifi serbest bırakılarak eser Mevsimler Kitap Yayınevi'ne geçmiştir.

Sevgili Çocuklar,

Güldürü Kitabı adı üstünde hepinizi bol bol güldürüp eğlendirecek, bilgi dağarcığınızı zenginleştirecektir.

İçinde bilmece, tekerleme, ninni, masal, öykü fabl, destan, efsane, şiir, monolog, piyes, fıkra, karikatür örnekleri vardır.

Güldürü Kitabı öğretmen ve öğrencilerin arayıp da bulamayacağı türden kaynak kitaptır.

Güle oynaya okuyun! Bol bol eğlenin çocuklar…

İletişim: 0531 217 10 25

Masalcı dede
Cemalettin E. Kavaklıgil
Emekli öğretmen

BİLMECELER

BİLMECELER

* Sarı tavuk dalda yatar
Dal kırılır
Yerde yatar

(Bir meyve)

* Ateşe girer yanmaz
Suya girer ıslanmaz

(Gezegenimizi aydınlatır)

* Bir ak çarşafım var
Her yeri öter
Denizi örtemez

(Kışın yağar)

* Kara tavuk dalda yatar

Dal kırılmış Yerde yatar

(Sabah kahvaltımızda sofrada bulunur.)

* Dumanı tüter

İsterse gider.

Balık değildir

Denizde yüzer

(Bir çeşit taşıt)

***ayva, güneş, kar, zeytin, vapur**

PADİŞAH KIZI SORDU KELOĞLAN BİLDİ...

Padişah kızı: Sarıdır safran gibi
Parıldar güneş gibi

Keloğlan: Ya bunu bileceksin
Ya bu diyardan gideceksin

Keloğlan: Padişah kızı!
Yoksullarda az bulunur
Zenginlerde çok bulunur
Samanlıkta kaybolursa
Arayıp da zor bulunur
Altın! Altın!

Padişah kızı: Üç ayaklıdır hiç yürümez
Söyle bu nedir Keloğlan?
Üstüne binen yorulmaz
Söyle bu nedir Keloğlan?

Keloğlan: Üç ayaklıdır hiç yürümez
Sacayağıdır Padişah kızı
Üstüne binen yorulmaz
Tenceredir Padişah kızı

BİLİRSEN İSTANBUL'U VERİRİM BİLEMEZSEN İZMİR'İ ALIRIM

Padişah kızı: Az gitti uz gitti
Dere tepe düz gitti
Uyanınca hep bitti
Giden biten ne ola?

Keloğlan: Mesel mi desem
Masal mı desem
Ne desem desem
A Padişah kızı
Bildim bildim
Yanıtı rüya ola

Padişah kızı: İstanbul'da bir tane
İzmir'de iki tane
Ankara'da hiç yok
Söyle Keloğlan
Ankara'da olmayan nedir?

Keloğlan: İstanbul'da i bir tane
İzmir'de i iki tane
Padişah kızı
Bunda bilemeyecek ne var
Ankara'da i hiç yok

PADİŞAH KIZI SORDU KELOĞLAN BİLDİ...

Padişah kızı: Sarayımızın önü servi
Söyle bu nedir Keloğlan?
Servinin üstünde sümbül
Söyle bu nedir Keloğlan?
Sümbülün üstünde bülbül
Söyle bu nedir Keloğlan?

Keloğlan: Sarayınızın önü servi,
Servi boyun değil mi Padişah kızı
Servinin üstünde sümbül,
Sümbül saçın değil mi Padişah kızı?
Sümbülün üstünde bülbül
Bülbül dilin değil mi Padişah kızı

Padişah kızı:	Ufacık
	Fıçıcık
	İçi dolu
	Turşucuk
Keloğlan:	Limon
Padişah kızı:	Çın çın hamam
	Kubbesi tamam
	Bir gelin aldım
	Babası imam
Keloğlan:	Saat! Saat!

BİLMECE BİLDİRMECE

* Bilmece bildirmece

Sana bakar gündüz gece

*Yarım kaşık

Yüze yapışık

*Bir baş

Bin başı devirir

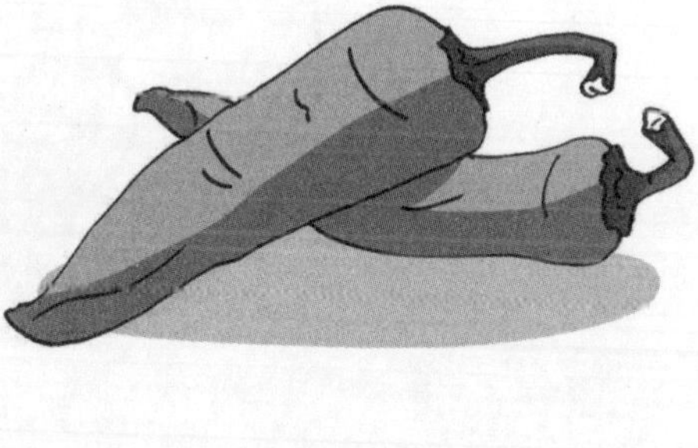

*Ufacık boylu

Pek fena huylu

İçi ateş dışı taş

Üzerinde milyarlarca baş

*Bilmece bildirmece

El üstünde kaydırmaca

*Ben giderim o gider

Arkamda tin tin eder

*** Ayna, Kulak, İmam, Biber, Dünya, Sabun, Gölge**

BİLİN BAKALIM

Balım balım
Vız vız eder
Bilin bakalım

(Kovanda yaşar)

Gel Fadimem
Git Fadimem
Ayak üstü
Dur Fadimem

(Her odada bulunur)

Boş gider

Dolu gelir

Ağzımıza

Hoş gelir

(Her öğün kullanırız)

Hop şurada

Hop burada

Hop kapı ardında.

(Evde temizlik için kullanırız)

Biri dedi - Vay belim!

Biri dedi - Vay başım!

Biri de – Gelirim

Dayan kardeşim dayan!

(Dülger ve marangozlar kullanır.)

***Arı, Kapı, Kaşık, Süpürge, Tata, Çivi**

BİLİN BAKALIM

Altı taş

Üstü taş

İçinde güzel bir baş

Karşıda durur

Sanki bir taş

Yanına vardım

Dört ayaklı bir baş

Tin tin yürür

Kulakları dik durur.

Dağda gezer

İzi olmaz

Aş pişirir

Tuzu olmaz

Bir dedem var

Sakalı kırmızı

Şimdi gelir

görürsünüz

Güle güle

ölürsünüz.

***Kaplumbağa *Kaplumbağa * Eşek**

*** Arı *Hindi**

TEKERLEMELER

Ol hanım geldi

Şol hanım geldi

Balaban bakışlı

Balaban Ağa geldi

Oyun başında

Oyun içinde

Birbirinden hoş

Tekerlemeler geldi.

OYUN TEKERLEMELERİ

-Nereden geliyorsun Keloğlan?

-Değirmenden

-Değirmen kalabalık mı?

-Şıkırdakları işittim.

-Üstün başın neden ıslak?

-Sudan geçtim.

-Şu öyle derin mi?

-Akarken gördüm.

-Ağzın yüzün neden yağlı?

-Bıldırcın yedim.

-Bıldırcın öyle yağlı mı?

-Uçarken gördüm.

-Eşeğine bir ad verdin mi ?

-Verdim Karakaçan.

-Karakaçan hızlı koşar mı?

-Tavşanı geçer kaplumbağayı geçemez.

KİRAZ KIZ

-Kız senin adın ne ?

-Kiraz.

-Hele beri gel biraz.

Deden nerede?

-Değirmende.

-Değirmende ne yapar?

-Un öğütür.

-Unu ne yapar?

-Nineme götürür.

-Ninen unu ne yapar?

-Suyla, şekerle helva yapar.

-Bize yok mu?

-Var.

-Haydi versene!

-Davul, zurna ile gelsene.

-Düt dürü düt! Düt dürü düt!

-Dum badak dum! Dum badak dum!

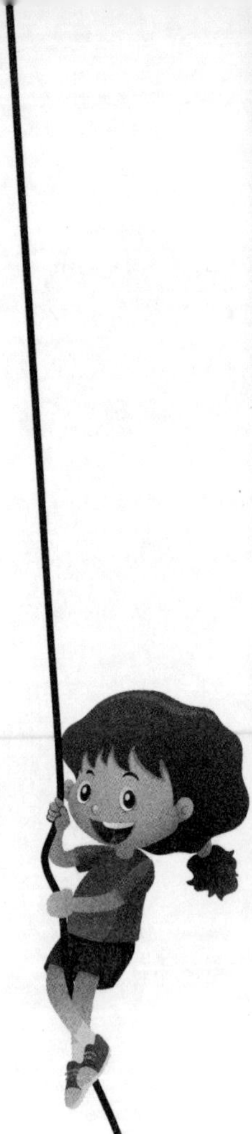

OYUNA ALMA OYUNDAN ÇIKARMA

Biricik

İkicik

Üçücük

Dördücük

Beşicik

Altıcık

Yedicik

Sekizcik

Dokuzcuk

Oncuk

Sen gir

Sen çık

KARGA KARGA

-Karga karga gak dedi

Çık şu dala bak dedi

Karga seni tutarım

Kanadına boncuk takarım

Yelpazeler yaparım

Hanımlara satarım.

-Karga kimin kargası?

-Hacı Bey'in kargası

-Hacı Bey'in nesi var?

-Altın kafesi var

-Hacı Bey ne yapar?

Kargayı kafeste tutar.

-Karga karga ötesene

Kanat çırpıp uçsana

Hacı Bey'den

Peynir zeytin istesene

Çocuklara dağıtsana.

ÇABUK ÇABUK SÖYLENMESİ ZOR TEKERLEMELER

* *Kırk kartal*

Kırk kanadı

Kırık kartal

Kırkı dala konar

Dal tartar

Kartal kalkar

* Değirmene girdi köpek

Değirmenci çaldı kötek

Hem kepek yedi köpek

Hem kötek yedi köpek

Kuru kabak

Takırdadın da mı kurudun?

Takırdamadın da mı kurudun?

*Şu öküzü

Aynalamalı mı?

Aynalamamalı mı?

NİNNİLER

Ee diyeyim beşiğine ninni
Kuşlar konsun eşiğine ninni
Mışıl mışıl uyusun da ninni
Tıpış tıpış yürüsün ninni

ÇAMDAN BEŞİK OYDURAYIM

Ninni desem uyur musun?
Şen rüyalar görür müsün?
Beşiğini tıngır mıngır sallar isem
Gözlerini kapar uyur musun?
Ee oğluma ninni!
Ee yavruma ninni!

Ninni derim dağlar uyur,

Dağlarda laleler büyür.

Benim oğlum uyudukça

Kalkar da tıpış tıpış yürür.

Ee oğluma ninni!

Ee yavruma ninni!

Çamdan beşik oydurayım,

İçine güller doldurayım.

Uyumazsan kaldırayım,

Uyusun oğlum uyusun ninni!

Ee oğluma ninni!

Ee yavruma ninni!

HOROZ ÖTER

Horoz öter uzun uzun
Dün geceden uykusuzum
Uyusana iki gözüm
Ninni yavrum ninni!

Ninni dedim uyuttum
Hoppa dedim büyüttüm
Her derdimi unuttum
Uyusun bebeciğim ninni!

Sen bir küçük meleksin
Her gönülde dileksin
Sen de büyüyeceksin
Uyu yavrum ninni!

Ninniyi koydum tavaya
Hopladı gitti havaya
Benim yavrum uyuyup
Hemen gidecek halaya!

KUCAKTA NİNNİ

Allı gülüm
Ballı gülüm
Kucak dolusu
Ninni gülüm
Eee! Eee!

Uyu yavrum uyu
Büyü yavrum büyü
Tıpış tıpış yürü
Güllü yavrum güllü
Eee! Eee!

MASALLAR

Masaldır bunun adı
Dinlemekle çıkar tadı

IDI İLE BIDI

Evvel zaman içinde. Kalbur saman içinde. Cinler cirit oynarmış. Eski hamam içinde.

Hamamcının tası yok. Oduncunun baltası yok. Arap Bacı hamama gider. Koltuğunda bohçası yok.

Dereden tepeden. Dedem gelir öteden. Düşelim ardına. Varalım ocak başına

Masal başlasın!

Çocuklar alkışlasın!

Bir varmış. Bir yokmuş. Memleketin birinde Idı ile Bıdı adında karı koca yaşarmış. Hani ne derler? Dertsiz kul olmaz. Idı ile Bıdı da dertli imişler.

Dırdırsız onca yıl aynı yastığa baş koymuşlar. Ne bir kızları olmuş, ne bir oğulları.

Bir gün üzüm bağlarında çardak gölgesinde oturuyorlarmış.

Kadın kocasına dert yanmış:

-Idı! demiş.

Kocası da:

-Ne diyorsun Bıdı? demiş.

Bıdı:

-Ne diyeceğim, demiş. Oğul yok, uşak yok. Koç yok, koçak yok. Gayrı saçı sakalı ağartmadan, belimiz bükülmeden, Allah yüzümüze baksa da bir evlât verse derim.

-Ah karıcığım nerede o talih bizde? Gökten yağmur yerine inci yağsa, yine bir tanesi başımıza düşmez.

O günlerde, Üstüaçık köyün kimsesiz Keloğlan'ı, evini ocağını bırakmış, ora senin bura benim gezinir dururmuş.

Idı ile Bıdı'nın konuşmalarını duyunca çardağın altına kendini atmış. Karşılarına dikilmiş:

-*Ver elini öpeyim ana! Ver elini öpeyim baba!* diyerek ikisinin de ellerini öpmüş. Dizlerinin dibine oturmuş.

Idı ile Bıdı şaşkınlık içinde:

-*Sen de kimsin? Nereden çıktın?* diye sormuşlar.

Keloğlan:

-*Tanımadınız mı beni? Keloğlan'ım demiş. Az önce oğul yok, uşak yok. Koç yok, koçak yok... diye üzülmüyor muydunuz? Kabul ederseniz oğlunuz da olurum, koçunuz da... Uşağınız da olurum, koçağınız da...*

Idı ile Bıdı işittiklerine inanamamışlar:

-*Aman oğul! Seni bize Allah gönderdi,* deyip biri boynuna sarılmış, biri bağrına basmış.

Bıdı, Idı'ya dönmüş:

-*Gördün mü kocacığım? Allah'tan ümit kesilmez.*

Idı, Bıdı'yı başıyla onaylamış:

-*Öyle vermeyen Allah böyle verdi,* demiş.

Birlikte sevinmişler.

-*Şükür Tanrı'ya! Önümüze bir tas çorba koyacak, ocağımıza bir kucak odun taşıyacak evlâdımız oldu,* deyip Keloğlan'ın önüne salkım salkım üzüm koymuşlar.

Keloğlan o günden sonra Idı'yı baba, Bıdı'yı ana bilmiş. Yerine göre oğul, yerine göre kız evlât olmuş. Erinmeden her işe koyulmuş.

Idı ile Bıdı onu böyle gördükçe:

-*Keloğlan'ımız ne hamarat, ne hamarat!* deyip nazardan koruması için Allah'a dua ederlermiş.

Idı mutlu, Bıdı mutlu. Keloğlan zaten mutlu. Darısı analı babalı, oğullu kızlı nice ocakların başına.

İyi de... Masal dünyası hep böyle sürüp gitmez. Karası var, akı var. Ahı var, vahı var. İyi günleri var, kötü günleri var.

Günlerden bir gün Bıdı ekmek pişirecekmiş. Çuvalda un, kapıda odun bulamayınca, Idı'yı değirmene buğday öğütmeye, Keloğlan'ı ormana çalı çırpı toplamaya göndermiş.

Idı değirmenden dönmüş, fakat Keloğlan'dan haber yokmuş. Idı ile Bıdı'yı almış mı bir korku?

Keloğlan'ı kurt mu yedi, kuş mu kaptı? diye iki gözü iki çeşme ağlamaya başlamışlar. Günlerce gözyaşı döküp yolunu beklemişler.

Meğerse o günlerde ülke padişahının zalim oğlu ava çıkmış. Kır bayır geyik kovalarken gökte kanat çırpan kara kartala ok değdirmiş.

Yaralı kartal uça çırpına, Keloğlan'ın çalı çırpı topladığı ormanda çayırlık bir alana düşmüş. Daha kanatları yere değmeden bir karayılan çıkmış. Dola-

na dolana yaralı kartala varmış. Vücuduna sarım sarım sarılarak onu yutmak istemiş.

Keloğlan o yöne seğirtmiş. Yılanı belinden kavradığı gibi uzaklara savurup atmış. Kartalı kurtarmış.

Kara kartal dile gelmiş:

-Hey, insanoğlu! demiş. *Dal budak demeden koştun. Korkmadan karayılanı belinden kavradın uzaklara savurdun. Beni ölümden kurtardın. Ben Kartallar Ülkesi'nin Beyi'yim.*

Ok değen kanadımı bağlar, kanayan yaramı sarar, üstüme binip beni şu yöne uçurursan, Kartallar Ülkesine varırız. O zaman dile benden ne dilersen... Keloğlan söylenenleri yapmış. Kartalın ok değen kanadını bağlamış. Kanayan yarasını sarmış. Üstüne binip kanatlarını çırptıra çırptıra uçurmuş. Göğe yükselmişler.

Az gitmişler. Uz gitmişler. Dere tepe düz gitmişler. Kartallar Ülkesi'ne varmışlar. Kartal Beyi'nin yalçın kayalar doruğunda yuvadan sarayına inmişler.

Haberi duyan saray hekimleri uçuşup gelmişler. Keloğlan'a hoş geldin dedikten sonra Kartal Beyi'nin yarasına merhemler sürüp iyileştirmişler.

Daha fazla sözü uzatıp da ne sizi yoralım, ne başınızı ağrıtalım. Masal dünyasında zaman tez geçer.

Kartal Bey'in kısa zamanda eski sağlığına, eski gücüne kavuşmuş. Keloğlan'ın onuruna eğlence düzenlenmiş. Ona zümrüt ve yakuttan kıymetli taşlar armağan edilmiş.

Kartal Beyi, Keloğlan'a:

-Keloğlan biraz sabreder beklersen sana hoş bir sürprizim olacak...

Kartal Beyi, böyle deyip Keloğlan'ı merak içinde bırakarak iki yardımcısı ile havalanmış. Göz açıp kapayıncaya değin bulutlar arasında kaybolmuşlar.

Kartallar uçadursun. Biz gelelim olacaklara...

Padişah oğlu yaylalarda, ovalarda, obalarda av peşinde at koştururken Türkmen Beyi'nin biricik kızını kaçırmışmış.

Kartallar, kaçırılan Türkmen kızını, Padişah oğlunun elinden kurtarıp, Keloğlan'la evlendireceklermiş.

Kartal Bey'i ile yardımcıları bulutlar arasında gizlene gizlene Padişah oğlunun sarayı üzerine varmışlar.

Rastlantı bu ya. O sırada Türkmen kızı saray bahçesinde gezinmekte imiş. Kartallar inişe geçmişler. Kızı kollarından kaptıkları gibi havalara uçurmuşlar.

Padişah'ın askerleri, kartalların arkasından ne kadar ok atmışlarsa da değdirememişler.

Kartallar üç gün, üç gece uçtuktan sonra yuvadan saraylarına dönmüşler. Kızı, Keloğlan'ın kolları arasına bırakmışlar.

Kikir kikir gülüşerek:

-*Al sana ay parçası gibi bir kız! Ülkemizde mi kalırsın? Yoksa ana baba bildiğin, Idı ile Bıdı'ya mı gidersin? Kur yuvanı mutlu ol!..* demişler.

Keloğlan:

-*Ey, ak yürekli kara kartallar! Kanadınıza avcıların oku değmesin. Yuvanız hep neşe dolsun... Idı babam, Bıdı anam daha fazla merak edip, gözyaşı dökmeden uçurun bizi bizim memlekete,* demiş.

Kartallar, Keloğlan'la kızı ülkelerine uçurmuşlar. Keloğlan'a armağan ettikleri zümrüt ve yakutları da yanlarına alarak vermeyi unutmamışlar.

Onlar uça dursun. Biz gelelim Idı ile Bıdı'ya...

Idı'yla Bıdı üzüm bağında, çardak gölgesinde otururlarken kadın dert yanarmış:

-*Idıı!*

-*Buyur Bıdıı!*

-*Allah bizi bir sevindirdi, bin üzdü. Keloğlan'ımızı kurda kuşa kaptırdı. Sözüm gücüne gitmez inşallah!*

Allah, bizi bir çocuk sahibi daha ederse, o zaman gözümüz önünden, dizimiz dibinden ayırmayalım.

-Ah, karıcığım! Nerede o talih bizde? Gökten yağmur yağsa, başımıza taş kadar dolu düşer. Ya kaşımızı yarar, ya başımızı...

Bıdı:

-Yerden göğe kadar hakkın var kocacığım, derken gökten kanat hışırtısı duyulmuş. Başını yukarı kaldırmış. Kocasına:

-Idı! diye seslenmiş.

-Ne var Bıdı?

-Göğe bak, göğe!

Göğe bakmışlar. Bir de ne görsünler? Keloğlan, kartallar arasında dünya güzeli bir kızla kendilerine doğru el sallamıyor mu ?

Idı ile Bıdı gördüklerine inanamamışlar:

-Hay Allah'ım! Biz Keloğlan'ı yerde ararken gökte bulduk. Yanında bir de gelinlik kızımız var, deyip o yöne koşuşmuşlar.

Ee, masal dünyası bu! Umulmadık zamanda umulmadık şeyler olur. Gökten inenlerle yerde koşuşturanlar buluşmuşlar. Kucaklaşıp ağlaşmışlar.

Kızın babası Türkmen Beyi'ne haber salmışlar. Bir saray kurdurup kırk gün, kırk gece düğün şenlik yapmışlar. Türkmen kızı ile Keloğlan'ı evlendirmişler.

Onlar ermiş muradına. Biz çıkarım kerevetine.

Gökten ne elma düşsün, ne gül. Dileyelim Idı, Bıdı gibilerin yüzü gülsün.

DEĞİRMENCİ DAYI İLE KEDİSİ

Neylemişler etmişler. Karakaçanı sarı öküze eş eylemişler. Koşmuşlar çifte çubuğa. Eşek böyle ağır işlere alışık değilmiş. Boynu, boğazı şişmiş. Acıdan öyle bir anırmış, öyle bir anırmış ki, duyan kıyamet kopuyor sanmış.

Köyde korkudan bir kaçışmadır başlamış. Kaçan masalcı dedenin evine sığınmış. Bakmışlar ki herkes orada. Masalcı dededen masal dinliyor. Onlar da oturup masal dinlemeye başlamışlar.

Bir varmış. Bir yokmuş. Bir su değirmeni varmış. Sabah akşam durmadan tıngır tıngır döner, buğday öğütür, un yaparmış.

Değirmende bir de mırnav kedi yaşarmış. Gel zaman, git zaman… Kedi yaşlanıp gözleri iyi göremez olunca Değirmenci Dayı onu değirmenden kovmuş.

Değirmen kedisiz kalınca fareler sevinçlerinden göbek atmışlar.

Neyse biz gelelim kedinin öyküsüne....

Zavallı kedi değirmenden atılınca ormanın yolunu tutmuş. Bir ağaç kovuğuna yerleşmiş. Ağaç kovuğunda aç bitkin durumda yaşarken bir tilki onu görmüş. Yanına yaklaşarak:

-*Hayrola kedi kardeş? Ne arıyorsun bu ağaç kovuğunda?..* diye sormuş.

Kedi:

-*Bu insanoğlu ne kadar da nankör! Onca yıl değirmeni farelerden korudum. Değirmenci Dayı artık gözlerim iyi görmüyor, fareleri yakalayamıyorum diye beni değirmenden kovdu. Bu ağaç kovuğuna sığındım.*

Tilki, kediye acımış. Ona bir kurnazlık öğretmiş. Demiş ki:

-*Üzülme kedi kardeş! Sana öyle bir kurnazlık öğreteceğim ki, fareler ayağına kendiliğinden gelecekler. Orman sana göre değil. Git değirmene yerleş.*

Kedi, tilkinin kendisi ile alay ettiğini sanmış:

-*Tilki kardeş! Alayın sırası mı şimdi? Fareler nasıl olur da can düşmanının ayağına gelir?* diye sormuş.

Tilki:

-Kedi kardeş! Ne alay etmesi? Şimdi beni iyi dinle. Fareler una, hamura bayılmazlar mı?

Kedi:

-Bayılırlar. Eee?

Tilki:

-İşte sen una bulanmış hamur topağı olacaksın.

Kedi:

-Hiçbir şey anlamadım. Nasıl hamur topağı olacağım?

Tilki:

-O çok kolay... Değirmen çarkını döndüren oluktaki suya atla. Islak ıslak un çuvalları arasında yuvarlan. Tüylerin una bulanacak, vücudun hamur topağına benzeyecektir.

O zaman değirmenin en karanlık köşesinde bir deliğin önünde gizlen. Hamur kokusunu alan fareler tıpış tıpış gelecekler, sana bir bir av olacaklardır. Artık Değirmenci Dayı'nın yeniden gözüne girer, değirmene yerleşirsin.

İhtiyar kedi, kurnaz tilkiden öğreneceğini öğrenir öğrenmez ormandan ayrılmış, değirmenin yolunu tutmuş. Değirmene varınca tilkinin öğrettiklerini bir bir yapmış.

Değirmen oluğunda bir güzelce yıkanmış. Islak ıslak un çuvalları arasında yatıp yuvarlanıp hamur toprağına benzemiş. Farelerin girip çıktığı karanlık deliğin önüne gitmiş, büzülüp yatmış.

Çok geçmemiş. Hamur kokusunu alan fareler delikten içeri girmişler. Hamur topağı diye kediye yaklaşmışlar. Birer birer av olmuşlar.

Değirmenci Dayı kurnazca düşünülmüş bu oyuna pek şaşırmış. Kedi ile eskisi gibi yine dost olmuşlar…

***

UYGUR MASALI

Masal masal maliki. Kuyruğu var on iki. Kulağında çanı var. Tombalacık başı var. Göğe çıkar uçamaz. Koşar koşar kaçamaz. O da ne ki?...

Bir varmış, bir yokmuş. Ağaçları bol bir orman varmış. Bu ormanın bir de hakanları bulunurmuş.

Günün birinde ormandaki ağaçlar hakanlarına varmışlar. Dertlenmeye başlamışlar:

-Ulu hakanımız! Canımız tehlikede yardım edin. Bir nesne var ki, girdi içimize. Yaşlı genç demeden acımasızca bizi kesip doğrar.

Hakan:

-Kimmiş aranıza giren? Kimmiş sizi acımasızca kesip doğrayan?

Ağaçlar:

-Adına balta diyorlar.

Hakan:

-Balta mı dediniz? O da nasıl bir nesne ki?...

Ağaçlar:

-Demirden yapılmış. Son derece keskin.

Hakan:

-Bence o demir kendi başına bizi böyle kesip doğrayamaz. Kendi içimizden biri ona yardım etmiş olmalı...

Bu söz üzerine ağaçlar baltayı gözetlemeye başlamışlar. Bakmışlar ki, onun sapı ağaçtan. Hemen hakanlarına haber vermişler.

-Ey hakanımız! Balta denen nesnenin sapı ağaç imiş meğer.

-Demedim mi ben size? Kendimiz ona sap olmasak idik, o bize hiçbir şey yapamazdı.

Eee, masaldan anlayan anladı. Anlayana sivrisinek saz. Anlamayana davul zurna az.

***

ÖYKÜ

Yaşanmış,
Ya da yaşanabilir
Olaylar..

ÖĞRETMENCİLİK OYUNU

Yarıyıl tatil gelmişti. Öğretmen karnelerimizi dağıttıktan sonra köyden ayrılıp kendi memleketine gitti. Tatili memleketinde geçirecekmiş.

Aradan birkaç gün geçmeden okulu özlemiştik. Bizim mahallenin çocukları bir araya gelip okulda öğretmencilik oynamaya karar verdiler. Okulun anahtarı Gürbüz'de idi. Onu da çağırdık.

Gürbüz:

-*Öğretmen ben olursam okulu açarım,* dedi.

Biz de kabul ettik. Hava soğuktu. Gürbüz evden bir kucak odun alıp geldi. Okulun kapısını açtı. Sınıfımız ısınsın diye sobayı tutuşturdu. Öğretmenimiz gibi el çırparak bizi susturdu:

-*Çocuklar! dedi. Hepinizi severim. Fakat çok kötü bir huyunuz var. Ondan hiç hoşnut değilim.*

Hep birden:

-*Öğretmenim hoşnut olmadığınız nedir?* diye sorduk.

Gürbüz:

-*Çocuklar! Ben ders anlatırken parmak kaldırmadan, izin almadan konuşuyor, soru sorarak dersi bölüyorsunuz. Bu böyle olmaz.*

Biz:

-*Öyleyse ne yapalım öğretmenim?* dedik.

Gürbüz:

-*Bir şey söylemeden önce sıfırdan yüze dek sayın. Söylemek istediğinizi önemli buluyorsanız, o zaman parmak kaldırıp söyleyin.*

Gülüşerek:

-*Peki, öğretmenim!* dedik.

Gürbüz sobada ısınırken bir şiir okudu. Ardından da şiirle ilgili açıklamalarda bulunmaya başladı. O sırada burnumuza yanık kokusu geldi.

Sağa sola baktık. Kokunun Gürbüz'den geldiğini anladık. Pantolonun paçası sobaya değmiş yanıyordu. Önce ne yapacağımızı şaşırdık. Sonra muziplik ederek Gürbüz'ün verdiği öğüdü tutmaya karar verdik.

Hep birden *"sıfır, bir, iki, üç, dört, beş...."* diye saymaya başladık. Gürbüz gözlerini iri iri açtı. Öğretmen gibi sertçe bize baktı.

Acele etmezsek pantolonu hepten yanacaktı. Daha çabuk, daha hızlı saymaya başladık. Sonunda bir arkadaş parmak kaldırıp:

-99, 100! Gürbüz pantolonun paçası sobaya değmiş yanıyor! diye bağırdı.

Gürbüz şaşkın şaşkın pantolonun paçasına eğilip baktı. Yanan yeri hemen söndürdü.

Aradan yıllar geçmiş. Gürbüz öğretmen olmuştu. Bir gün yolda karşılaştık. Ona takılmadan edemedim:

-Gürbüz, dedim. Çocukluğumuzda okulda oynadığımız öğretmencilik oyununu hatırlıyor musun? İzin almadan, parmak kaldırmandan konuşan öğrencilere bize yaptığın gibi saydırma yöntemi uyguluyor musun? diye sordum.

Gürbüz gülerek:

-Bir daha pantolonumu yakmaya niyetim yok... Hem o yöntem yanlışmış, dedi.

***

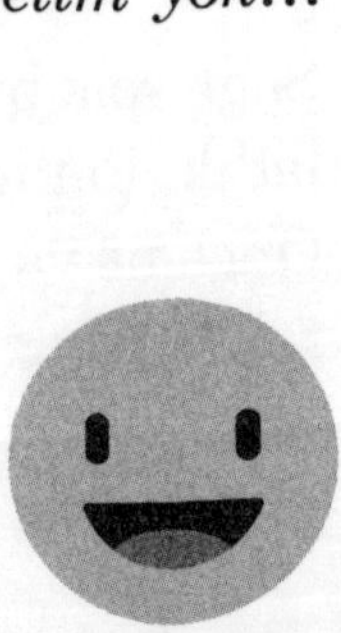

ON YEDİ DEVE

Ölmek üzere olan yaşlı bir baba, yatağının başına üç oğlunu çağırarak onlara öğütte bulundu:

-Oğullarım, ben ölünce birbirinize düşmemeniz için size sahibi olduğum 17 deveyi paylaştırmak istiyorum. Miras olarak develerin yarısını büyük oğluma, üçte birini ortancaya, dokuzda birini ise küçük oğluma bırakıyorum.

Babalarının ölümünden sonra mirası babalarının öğüdü uyarınca paylaşmak üzere kardeşler bir araya geldiler. Fakat bir türlü işin içinden çıkamadılar. Mirası babalarının istediği gibi pay edemediler. Çünkü 17 sayısı ne 2'ye, ne 3'e, ne de 9'a bölünebiliyordu.

-Bu işin üstesinden ancak köyün deneyimli, yaşlı bilgesi gelir, dediler. Gidip ona danıştılar. Bilge kişi onlara akıl vermeden önce bir deve verdi.

-Benim bir devem var dedi. *Onu alın kendi develerinize katın. Yeniden bir hesap yapın.*

Bu cömertliğe çok şaşıran oğullar, 18 deveyi pay etmeye giriştiler. Önce 2'ye böldüler, büyük oğul 9 develik payını aldı. Sonra 3'e böldüler, çıkan 6 deveyi de ortanca oğul aldı. Daha sonra 9'a böldüklerinde ise, 2 deveyi de küçük oğul aldı.

Kardeşler tüm develeri paylaştılar. Ortada fazladan bir deve kaldı.

Bilge gülerek:

-*O deve zaten benimdi*, diyerek geri aldı.

Ne öykü ama...

FABL

Birer küçük masaldır
İçinde hikmet dolu
Nice akıl vardır…

KARGA İLE TİLKİ

Karganın biri bir kalıp peynir aşırmış.

Uçmuş uçmuş,

ormanda bir dala konmuş.

Afiyetle yiyecekmiş.

Ağaç altında kurnaz tilki görünmüş.

Başlamış dil dökmeye:

-Karga kardeş

Tüylerin ne güzel!

Sesin de öyle ise

Yarışamaz ormanda

Seninle hiç kimse.

Karga bu övgüye inanmış.

O hoş olmayan sesiyle

"Gak! Gak!" diye ötmeye başlamış.

Ötmesiyle birlikte ağzından peyniri düşürmüş.

Kurnaz tilkiye lokma olmuş.

***

Hak edilmeyen övgüye kanan

Sonunda böyle gülünç düşer....

TAVŞANLA SERÇE

Bir kartal,

Bir tavşanı kıstırmış pençesine,

Havalara uçurmuş.

Bir serçe de

kanat çırparken göklerde,

zavallı tavşanın haline gülmüş:

-Hani, nerede kaldı

o ünlü kaçışın?

Ayakların havuç mu topluyordu?..

Serçe böyle alay ederken

üstünden bir atmaca geçmiş.

İncecik bacaklarından

serçeyi yakalayıvermiş.

***

Eee, gülme komşuna!

Gelir başına!

GÜNAYDIN DİYEN KARGA

Bir adam,

Kırlarda sapa yolda giderken:

Günaydın! diye bir ses duymuş.

Durup çevresine bakınmış.

Görünürde kimsecikler yokmuş.

Günaydın! demiş,

Yine aynı ses.

Adam,

Çevresine daha dikkatli bakmış.

Bir dalda

Bir ala karga görmüş.

-Günaydın! Günaydın!

Diye yanıtlamış adam kargayı.

Sonra da:

-Ne istiyorsun? diye sormuş.

-Hiç! Kurnaz tilkiyi gördün mü? diye soracaktım.

-Neden?

-Ben de bir kalıp peynir var da.

Adam bıyık altından gülmüş:

-Övgüler isteyip

Peyniri çaldırmak için mi?

Ben sana daha güzelini düzerim.

Böyle deyip

Başlamış ala kargayı övmeye.

Övgüsü bitince,

Karganın konduğu dalın altına gitmiş.

Kocaman ağzını açıp

Peynirin düşmesini beklemiş.

Ala karga *Gak! Gak!* diye gülmüş:

-O oldu bir kere

Olmaz iki kere.

Peynir gagama bağlı

Düşer diye bekleme.

EFSANE

Masal, fabl türü gibi halkın ortak yaratısıdır, efsaneler de. Toplum ve kültürümüzü tanıtmada önemli kaynaktır.

Bir varlığın oluşumunu, doğa ve tarihi olayları, inançları halkın olağanüstü çabasıyla anlattığı hikâyelerdir.

SARI KIZ EFSANESİ

Kırşehir'in şifalı bir kaplıcası vardır. Adına Sarı Kız Kaplıcası derler. Bu kaplıcanın oluşumunu halk şöyle anlatır.

Bir zamanlar, Sarı kız ile anası bir mağarada yaşarmış. Bunların bir de sarı inekleri bulunurmuş.

Bu sarı ineğin bir memesinden süt, bir memesinden bal akarmış. Sarı kız acıktıkça sarı ineğin memelerinden emerek büyürmüş.

Büyüdükçe güzelleşir, yanaklarında güller açarmış. Anasının nar tanesi, nur tanesi çok da utangaçmış... O yüzden insan içine çıkamazmış.

Sarı kız günlerden bir gün sarı ineğin yanına mağaraya süt içmeye inmiş. Hay inmeseymiş!.. Derinden gelen bir ses duymuş:

"Sarı kız! Sarı kız! Sana geliyorum. Ağlayarak mı geleyim? Çağlayarak mı geleyim?"

Bu ses insan sesine benzemiyormuş. Sarı kız bir korkmuş, bir korkmuş... İndiği yerden anasının kucağına koşmuş.

Korkusundan ağlamış ağlamış. Ağlarken gözlerinden yaş yerine inci, mercan dökülmüş.

Ana, kız kucak kucağa sesi bir daha dinlemişler. Bu ses in sesi mi, cin sesi mi bir türlü akıl sır erdirememişler...

Daha iyi anlamak üzere sesin geldiği mağaranın derinine inmişler. Yine o ses duyulmuş:

"Sarı kız! Sarı kız! Sana geliyorum. Ağlayarak mı geleyim? Çağlayarak mı geleyim?"

Deyince ana kız:

"*İster çağlayarak gel, ister gürleyerek gel, ağlama da!*" demişler.

Nasıl olmuşsa olmuş, kayalar birden çatırdamış. Açılan kaya yarığından harlaya, gürleye sıcak sular fışkırıp mağarayı kaplamış. Orası olmuş mu şifalı kaplıca....

Adına Sarı Kız Kaplıcası denmiş. Ağrısı, sızısı olan her yıl o kaplıcaya gidermiş.

***

TAŞ BEBEK

Bu efsane Gümüşhacıköy kırsalından derlenmiştir.

Birbirini seven karıkoca varmış. Ne var ki, uzun yıllar çocukları olmamış. Çocuk özlemi çekerlermiş hep.

Günün birinde kusur kimde tartışması başlamış aralarında. Sonunda adam karısını suçlayıp, üzerine evlenmeye karar vermiş.

Kadın çok üzülmüş. Gerdek gecesi evden çıkmış. Yakında geçen ırmağa varmış. Kendini suya atacakmış. O sırada bir ses duymuş, çağıl çağıl akan ırmaktan:

"Kıyma canına! Irmağımdan bir taş al. Evine dönüp bebek gibi sarıp sarmala. Boş duran beşiğine yatır. Ninni söyle!

Kadıncağız söyleneni yapmış. Irmak suyundan bebek boyunda sarı bir taş seçmiş. Bağrına basarak eve koşmuş.

Çocuğum olur diye yıllardır beklettiği kınalı beşiğe sarıp bebekmiş gibi yatırmış.

Başlamış ağıt yakıp ninni söylemeye:

"Çağıl çağıl akan ırmaktan

Aldım bu taşı

Beleyip kınalı beşiğe yatırdım

Hu ninni!

Taştan bebeğim yatıyor

Ak mememden süt akıyor

Uyansana taş bebek

Hu ninni ninni!

Hu ninni ninni!

El koynunda

Yatan baban

Gelsin adını koysun.

Hu ninni ninni!

Hu ninni ninni!"

Kadının sesi öyle yanıkmış ki... Bu acılı sesi duyan kocası ile yeni gelin çok üzülmüşler. Bu arada beşikten çocuk ağlaması duyulmaz mı?

Adam koşup sese gelmiş. Bakmış ki, beşikte altın topu gibi bir bebek yatıyor...

Bunun üzerine yeni evlilik bozulmuş. Gelin baba evine dönmüş.

Onlar ermiş muradına...

***

ŞİİR

Güzel duygular yaratan, anadil gelişiminde çocuklara katkılar sağlayan, uyumlu ve düzenli yazma sanatıdır.

ATATÜRK

Türk'ü ölümden
O'dur kurtaran
O'dur Türklüğü
Yeniden kuran

*

Yaptığı ordu
Düşmanı kovdu
Ulusu yurdu
O'dur kurtaran

*

Ülküm yürüsün
Türklük büyüsün
Sen Atatürk'sün
Ey yüce Atam!

H. Ali YÜCEL

ÖĞRETMENİM

Her derse girişinde
Günaydın çocuklar deyişinde
Atamızı, bayrağımızı, vatanımızı,
Görürüz ışıl ışıl güler yüzünde.
*
Sabırla yarınlara hazırlarsın
Bize birer örnek insansın
Sanki bir baba, bir anne
Bir arkadaşsın
Benim canım öğretmenim.

Cem GÖKALP

KÖRÜM

Körüm
Yedi renkten
Yalnızca karayı tanırım
Yere basarken
Aldanırım
Korkarım
Anamı, babamı
Sevdiğim arkadaşları
Hiç bilemedim
Yaşıtlarım gibi
Cicili oynayamadım
Kay kay kayamadım
Tek sevincim
Sizler gibi
Okuyabilmem
Gözlerim
Duyarlı parmak uçlarım
Alfabem
Bireyl körler alfabesi

DESTAN

Bir ulusun zihninde iz bırakmış yiğitlemeler, övmeler. Örneğin Dede Korkut Destanı.

DEDE KORKUT İLE DELİ KASKAR

Bir zamanlar atalarımızın yurt edindiği bir ülke var idi. Adına Oğuz ili derler idi.

Güneşi var

Sımsıcak yakar

Suları var

Buz gibi akar

Ovaları var

Bolluk saçar

Yaylaları var

Koyun kuzu otlar

Ozanları var

Kopuz çalar

Türküler yakar

Kızlar kızanlar

Güzel halay çeker

Güzel kucaklar

Bu mutlu ülkede Dede Korkut adlı bir bilge ile Deli Kaskar adlı bir yiğit yaşar idi. Bir gün birlikte at bindiler. Düştüler yollara. Dere tepe aşarken Kaskar'ın deliliği tuttu. Ölçülü ölçüsüz övünmeye, Dede Korkut'tan istekte bulunmaya başladı:

-Tavla tavla atlarım var

Ağıl ağıl koyunlarım var

Onları bekleyen

Azgın köpeklerim var

Hay Korkut Dede!

Atlarıma gümüş semer

Koyunlarıma bakır çan

Köpeklerime çelik tasma isterim.

Dede Korkut:

-Hay oğul!

Kaskar oğul!

İstediğin gümüş semer,

Bakır çan

Çelik tasma olsun.

Hele hanlar kentine varalım,

Demirciler çarşısından

Dilediğini bir bir alalım.

Deli Kaskar kıs kıs gülüp sevindi. Bir istekte daha bulundu.

Dedem Korkut'u şaşırttı:

-Dede dede!

Hay Korkut Dede!

Onca azgın köpeklerim var da

Pireleri yok,

Hiç it piresiz olur mu?

Dede Korkut, Kaskar'ın deliliğini bilirdi de bu kadarını bilmezdi:

-Bre oğul!

Tavla tavla atların var.

Onlara gümüş semer alalım.

Ağıl ağıl koyunların var,

Onlara bakır çan alalım.

Birbirinden azgın köpeklerin var,

Onlara çelik tasma alalım.

Pire istemek de nereden çıktı?

Deli Kaskar bu... Ne zaman, ne isteyeceği belli mi olur? Birden yine dellendi:

-Dede Dede!

Hay Korkut Dede!

Ben köpeklerime

Pire isterim.

Yoksa sakalından tutar,

Didik didik ederim.

Dede Korkut:

-Hay oğul!

Kaskar oğul!

Pireler elde durmaz,

Sıçrayıp kaçar oğul.

Kan emer,

Hastalık saçar,

Dertsiz başa

Dert açar,

Hay oğul!

Deli Kaskar daha da dellendi. Dede Korkut'un sakalından tuttu:

-*Neye sayarsan say,*

Kafama girmez!

Korkut Dede,

Bana pire bul!

Dede Korkut, Deli Kaskar'dan sakalını kurtarmaya çalışarak:

- *Dellenme Kaskar!*

Bırak sakalımı.

Bir ağıl bilirim,

İçi pire dolu.

Topalı var,

Uçarı var,

Kaçarı var,

Al eline torbanı

Doldur doldurabildiğin kadar.

Dede Korkut böyle deyip Kaskar'dan sakalını kurtardı. Kurtarır kurtarmaz da atını tepikledi.

Deli Kaskar ardından ünledi:

-Dede dede!

Hey, Korkut Dede!

Düştüm peşine

Tez kavuştur

Beni pirelerime.

Dede Korkut önde, Deli Kaskar arkada gide gide gittiler. Pireli ağıla vardılar.

Dede Korkut, Deli Kaskar'a seslendi:

-Soyun bakalım Kaskar,

Soyun da ağıla gir.

İçerisi pire dolu

Aç torbanı,

Doldur doldurabildiğin kadar.

Deli Kaskar soyundu. At üzerinden ağıla atladı. Atlamasıyla birlikte aç pireler, Kaskar'ın tüm vücudunu sardı. Topuğundan başlayarak her yanını sokup kanını emdiler.

Deli Kaskar inleyerek tepinmeye başladı:

-Dedem dedem, hay dedem!

Pireler beni yedi dedem!

Aç kapıyı kurtulayım dedem!

Dede Korkut kıs kıs güldü:

-Ne oldu Deli Kaskar?

Henüz yeni girmiştin,

Pire de pire demiştin.

Deli Kaskar, orasını burasını kaşıyıp durarak:

-Medet hay dedem!

Tez kurtar beni pirelerden, dedi.

Dede Korkut:

- Gürültü etme Kaskar!

Patırtı etme Kaskar!

Hanlar çarşısında

Atına gümüş semer,

Koyunlarına bakır çan,

Azgın köpeklerine

Çelik tasma alacaktık.

Tutturdun pire pire diye!

Şimdi medet niye?

Deli Kaskar yalvarmayı sürdürdü:

- *Dedem dedem!*

Beni deli say dedem!

Sana azap ettim,

Acı bana

Pişmanlık getirdim.

Dede Korkut söylendi:

-*Deli oğlan aman demiştir,*

Benden özür dilemiştir,

Bana pire uçuşmadan

Uzaklaşmalıyım ağıldan.

Dede Korkut ağılın kapalı kapısına yaklaştı. Sürgüsünü çekip açtı. Acele oradan uzaklaştı:

-Hey Deli Kaçkar!

İşte açtım kapını

Sen yutmuşsun hapını,

Aklın varsa biraz

Durma suya koş!

Atla da kurtul hoş!

Deli Kaskar daha durur mu? Açılan ağıl kapısından dışarı fırladı. Acele edip yakında akan ırmağın derin sularına kendini bıraktı.

Pireler suda aktı gitti. Deli Kaskar sudan çıktı. Giysisini giyindi. Ağırdan uslu uslu Dedem Korkut'un peşine düştü.

Dedem Korkut, Kaskar'ın uslu haline gülerek:

-Bazen şu insanoğluna,

Bir belâ

Bin öğütten yeğdir!.. diye söylendi.

***

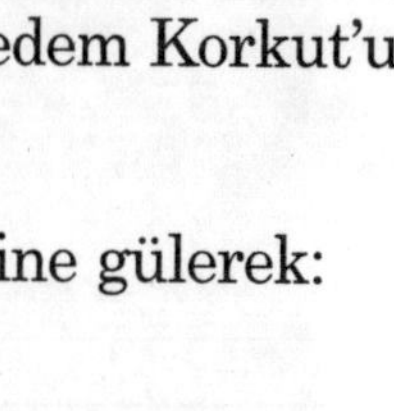

PİYES

Piyes tiyatro oyunu. İki veya daha fazla oyuncu tarafından bir olayı anlatan oyun.

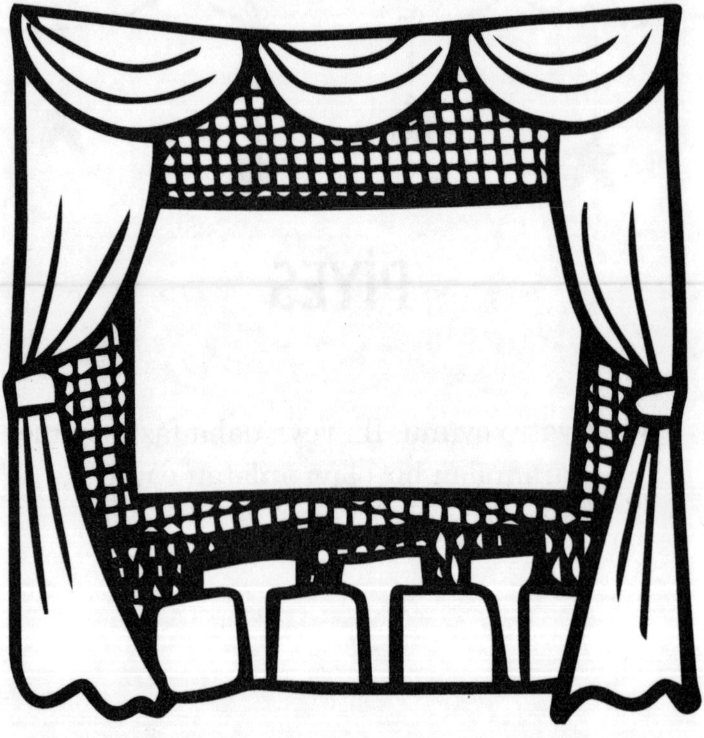

ÖĞRETMEN

-Bir Bölümlük Oyun-

Öğretmenler Günü'nde de oynanan bu 1 perdelik oyun, Cenap Şahbettin'in makalesinden dramatize edilmiş. Dilek şiiri, Ziya Osman Saba'nın; Ben Öğretmenim şiiri, Coşkun Ertepınar'ındır.

Oynayanlar:

Öğretmen

Şair

Heykeltıraş

Ressam

Müzisyen

Mimar

Dekor:

Şairin daktilolu masası, öteki oyuncuların çalışma sehpaları... Ayrıca tabureler, tablo, *fırça, cetvel, gönye, çiçek saksı bulundurulur.*

PERDE AÇILIR

(Ressam, elinde fırça ve paletle tablo üzerinde boyama yapar, inceler.

Heykeltıraş, çekiç ve yontu aleti ile çalışır. Müzisyen tın tın çalarak beste yapar.

Mimar cetvel ve kalemle ölçer, çizer. Şair, sahne önünde sağa sola volta atarak şiirler okur. Öğretmen sahne önünde gençleri izler.)

ŞAİR:

Ey, güzellikler diyarının füsunkâr perisi!

Sen bir ahu gibi dağdan dağa kaçsan da yine. Seni aşkım canavarlar gibi takip edecek.

(Sahnedeki arkadaşları şaire bakarak gülerler.)

ÖĞRETMEN:

Evlât! Hangi diyarlardan gelip hangi iklimlere gidiyorsun?

ŞAİR:

Kim o? Beni alaya alan kim?

ÖĞRETMEN:

Hey gidi gençlik, hey!

ŞAİR:

(Öğretmene bakarak) İhtiyar... Bir ihtiyar. İhtiyar orada durma, içeri gel.

(Öğretmen, ağır adımlarla sahneye girer.)

ŞAİR:

- Ne diyorsun ihtiyar?

ÖĞRETMEN:

- (Yüzünde tatlı bir gülümseme vardır.)

Hangi hayal ülkesinde uçuyorsun diyorum evlât?

ŞAİR:

- Uçmuyorum. ***(Heyecanlı)*** Güzellikler ikliminden, yaratıcılık dünyasına gidiyoruz.

ÖĞRETMEN.

- ***(Şaşkın)*** Gidiyor musunuz? Kiminle?

ŞAİR:

- ***(Sahnedekileri göstererek)*** Arkadaşlarla... Gel, seni sanatçı arkadaşlarımla tanıştırayım. ***(Neşeli)*** Hey arkadaşlar! Bakın, size kimi getirdim.

(Gençler, Yaşlı öğretmene dönüp bakarlar. Öğretmen de onları teker teker izler.)

ŞAİR:

- İşte, geleceğin yaratıcıları!

ÖĞRETMEN:

- Geleceği yakalayabilseler bari...

HEYKELTIRAŞ:

- ***(Hırçın bir sesle)*** Ne diyorsun ihtiyar? Gelecek her zaman bizimdir. Bizler öldükten sonra gene bizimdir.

ÖĞRETMEN:

- ***(Heykeltıraşa doğru yürür.)*** Çocuğum sanatın nedir/

HEYKELTIRAŞ:

- *İşte, görüyorsun ya! Heykeltıraşlık...* ***(Çalışmasını sürdürerek)*** *Benim elimin altındaki taşlar, mermerler, Zalim Neron'un karşısında olduğu gibidir. Titrer, şekil alır.*

Mermer, buse olur, kadın olur, gözyaşı olur. Keder ve hüzün olur. İnsanların katı yüreklerine, zamanın bitmez, tükenmez tokatlarına göğüs gerer. Müzelerin, tapınakların serin ve loş gölgeleri arasında kuş tüylerine görülmüş hükümdar ve krallardan daha rahat sonsuza dek yaşar.

ÖĞRETMEN:

(Ressama döner, çalışmalarını seyreder.)

-*Ya, sen evlâdım?*

RESSAM:

- ***(Neşe dolu bir sesle)*** *Ben...* ***(Tablo üzerinde fırça hareketi yaparak)*** *Ben, göklerdeki renklerle oynarım. Boyaların, şekillerin büyüsünden anlarım.*

(Havada resim yapar gibi) *Gölgeleri olduğu gibi belirlerim. Bir parça bez ya da kâğıt üzerine bir dünya kurarım. En güzel dudaklardaki gülümsemeler gelip geçicidir. En güzel gözler, bir gün gelir, ölür. Toprak olur. En güzel yüzler buruşur, çöker.*

Fakat benim fırçamın ucundan doğanlar, oldukları yerde büyük bir bağlılık ve içtenlikle kalırlar. Solmaz, yıpranmaz ve ölmezler.

Ben, içinde yaşadığım yüzyılı, öbür yüzyıllara, ruhunu da gelecek kuşaklara iletirim. Bir tek bez parçasına dünyanın bağrındaki altınlar kadar değer veririm.

ÖĞRETMEN:

- **(Müzisyene yaklaşır.)** *Evlât, pek sevinçlisin. Aradığını bulmuşa benziyorsun.*

MÜZİSYEN:

- **(Bestesine ara vererek)** *Aradığımı bulmak mı? Ben aramam, yakalarım. Ben bir avcıyım.* **(Müzik aletini tınlatır.)** *Havalarda dolaşan sesleri kovalar, onları yakalarım. Gizli isyanların, gizli aşkların, acı ve sıkıntıların ezgilerini dinler, tutarım. Gökler gelir, benimle görüşür. Denizler yaklaşır, kubbemde inler. Sinirler kavgalarını benim ruhumda yatıştırır. Bakışlar benim önümde ses, gözyaşları nakarat, gülümsemeler beste ve ritm olur.*

(Telleri tınlatarak)

Elimdeki alet, melodilerle geçmişi geleceğe, kalpleri kalplere bağlar. Ben ölür, toprak olurum. Fakat

(Nota sesleri) *bu melodiler hiçbir zaman ölmez, sonsuza dek yaşayıp giderler.*

ÖĞRETMEN:

- ***(Duygulanır. Mimara yaklaşır.)*** *Söyle bakalım, senin sanatın da onlarınki gibi ölmez mi? Sonsuza dek yaşar mı?*

MİMAR:

- *Evet, benimki de onlarınki gibidir. Ben hayallere, düşlere can ve ruh veririm. Elimin altında duran toprak, taş, kireç, kum benim buluşumla, yaratıcılığımla insanlığın onuru mutluluğu ya da duanın sembolü olur. Saraylar kurarım. Kaleler yaparım. Zaman onları yıksa bile, kalıntıları önünde insanlar her zaman hayran kalırlar.*

İşte, Efes harabeleri!.. İşte, Selçuklu sarayları!..

ÖĞRETMEN:

- ***(Şaire yaklaşır.)*** *Ey, genç!.. Sen ne yaparsın?*

ŞAİR:

- ***(Daktilo başında)*** *Ben şairim baba, şair... Sözcüklerle uğraşırım. Sözcükler benim esir ve kölelerimdir. Ne zaman istersem, duygulansam karşıma gelir, yerlere kadar eğilirler. El, etek öperler. Sonra ben onları şekilden şekile sokarım.*

(Müzisyen hafif nağmelerle eşlik eder.)

Onlar bazen aşk, sevgi, bazen zafer ya da isyan olurlar. Bahardan kokular, melodiler getirirler. Onlardan oluşan taburların önünde krallar bile selâm dururlar.

Halk yediden yetmişe onları ezbere bilir.

Benden söz etmeyen, beni anmayan hiçbir çağ yoktur.

ÖĞRETMEN:

- *Tüm bu uğraşlar niçin gençler?*

MÜZİSYEN:

- *Niçin olacak? Sanat için... Zevk için...*

ÖĞRETMEN:

- *Bence tam değiller.*

(Gençler birbirine bakarlar.)

MİMAR:

- *Yaa! Tam zevk nerede? Hangi meslekte?*

ÖĞRETMEN.

- ***(Heyecanlı)*** *Bende!.. Tam zevk bende. Benim mesleğimde...*

GENÇLER:

- **(Merakla)** *Mesleğin nedir? Nedir mesleğin?*

ÖĞRETMEN:

- *Mesleğim öğretmenlik.*

Ben öğretmenim çocuklar!

Unuttuğunuz yüzleriniz bende.

Gülüşleriniz, gözleriniz

Dolaştığınız bahçelerde kalan

İzleriniz bende...

Ben öğretmenim çocuklar!

Unutmam hiçbirinizi,

Birinizi on bininizi

Kendiniz bile unuturken

Geçmişteki kendinizi.

Düşerseniz düşerim.

Koşarsanız koşarım.

İçimi bir tuhaf eder kan!

Sıyrılmış kollarınız,

Çizilmiş dizleriniz bende...

Ben öğretmenim çocuklar!

Usul usul, ince ince

Bereketli yağmurlar gibi

Yağmak isterim üstünüze.

Çalsın bütün ziller tepelerden, doruklardan!

Yine bugün son dersiniz bende...

(Gençlerin yanlarına teker teker giderek)

Siz taşları yontarsınız, ben genç dimağları.

Siz tuvalleri boyarsınız, ben ruhları.

Siz melodiler icat edersiniz.

Bense ilkeler, inançlar, ülküler...

Siz binalar kurarsınız, ben gezen saraylar.

Siz kelimelerden taburlar dizersiniz.

Ben zekâlardan.

Ne yazık ki, benim üzerinde işlediğim kafalar gün gelir ölür. Toprak olur. Boyalarımın üzerinde imzam yoktur.

En kötüsü, yarattığım inanç ve ülküler bir gün bana karşı durabilir. Gezen saraylar çürür, beni tanımaz olur. Taburlar dağılır, görünmez olur. Ama tüm bunlara karşın savaşımdan vazgeçmem. En isyankâr insan bile benim avuçlarımın içinde kalır.

HEYKELTIRAŞ:

-Yazık! Zevk bunun neresinde?

ÖĞRETMEN:

- *Nankörlük karşısında direnme ve yılgınlık göstermeden kararlılık... Çıkar ve karşılık beklemeden savaşabilmekte...*

(Öğretmen çıkar)

ŞAİR:

- ***(Kendi kendine)*** *Ne diyebiliriz ki...*

(Arkadaşlarına döner.)

Arkadaşlar! Bizim sanatımız, bizim uğraşımız öğretmenlik mesleğinin yanında bir hiçtir. Öğretmenlik öyle mi yaa?.. O, beyaz gerdanı, zarif boyunları değil; beyinleri süsler, değerlendirir. Ülkülerle, inançlarla işler. O, yeryüzünde dolaşan Tanrı'nın sihirli değneğidir.

HEYKELTIRAŞ:

- *Onu anlayamadık.*

RESSAM:

- *Nasıl da heyecanlı idi. Mesleğim öğretmenlik derken.*

ŞAİR:

- *Biz onu umursamadık bile.*

MÜZİSYEN:

- *Hey, ne duruyoruz öyleyse... Koşalım ardından, gönlünü alalım. Kulübümüze üye yapalım.*

HEPSİ BİRDEN:

- *Elini öpelim.* **(Ardından)** *Öğretmenim! Öğretmenim!*

(Koşarak sahneden çıkarlar. Az sonra öğretmenle birlikte kol kola sahneye girerler.)

GENÇLER:

- *Aramıza hoş geldiniz öğretmenim!*

ÖĞRETMEN:

- *Teşekkür ederim çocuklar.*

Her zaman aranızda olacağım.

Mesut olmuş görmek isterim hepinizi...

Dertliyi, ümitsizi.

Kadını, erkeği, yaşlıyı, genci…

Bayram sevinciyle, kol kola sokaklarda

Su başlarında, ağaç altlarında, parklarda.

Sevgililer başbaşa, muratlarına ermiş

Çocuklar, el ele, bir halka oluvermiş.

Ne yoksul ahı, ne dul hıçkırığı, ne hasta iniltisi

Mesut olmuş görmek isterim hepinizi.

GENÇLER:

- ***(Alkışlar)*** *Çok teşekkür ederiz.*

(Elini öperler)

PERDE SONU

NASRETTİN HOCA FIKRALARI

ACEMİ BÜLBÜL

Bahar gelip de kayısı, erik ve badem ağaçları çağla denen ham meyveye durduğu zaman, köylerde çocuklara gün doğdu demektir.

Üç beş çocuk bir araya gelir. Aralarından birini gözcü seçerek sessizce komşu bahçesine atlarlar. Ağaçlara tırmanıp ceplerini, koyunlarını çağlarlarla doldurup kaçarlar.

Nasrettin Hoca, Sivrihisar'ın Hortu köyündendir. Küçükken komşunun bahçesine çağla aşırmaya girmiş. Gözüne kestirdiği bir badem ağacına tırmanmış.

Daha birkaç badem koparamadan bahçe sahibi ağaç dibinde görünmüş. Eline tuttuğu ince sopayı sallayarak:

-*Hey, çocuk! Ne yapıyorsun orada?* diye bağırmış.

Nasrettin korku ile:

-*Amca ben bülbülüm. Burada ötüyorum.*

Bahçe sahibi bu cevap karşında önce şaşırmış. Sonra gülerek:

-*Demek bülbülsün ha!.. Öyleyse haydi öt de dinleyelim,* demiş.

Nasrettin bülbül taklidi yapıp ötmeye çalışmış. Fakat becerememiş.

Bahçe sahibi:

-*Bu nasıl ötüş yahu? Bülbül böyle mi öter?*

Nasrettin:

-*Amca ben acemi bülbülüm. Acemi bülbül bu kadar öter.*

Bahçe sahibi:

-*Ya, öyle mi? Peki uç da aşağı gel bakalım.*

Nasrettin bu kez:

-*Henüz uçmayı da öğrenmedim amca,* deyince bahçe sahibi kahkahayı basmış:

-*Sen dünyayı güldürürsün, a be çocuk! İstediğin kadar çağla topla...* diyerek oradan uzaklaşmış.

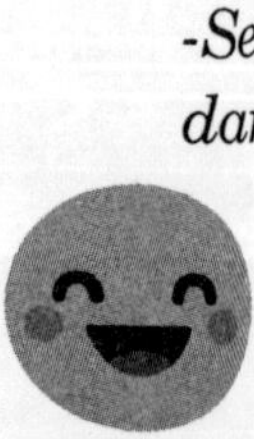

KAVUN KARPUZ BOSTANI

Nasrettin Hoca çocukken dayanamayıp kavun karpuz bostanına girmiş. En irilerinden birkaçını koparıp çuvala doldurmuş. Bostandan tam çıkacakmış. Bostancı çıkagelmez mi?

Nasrettin'e:

-*Ne arıyorsun bostanımda çocuk?* diye çıkışmış.

Nasrettin telaş içinde:

-*Bostancı amca beni buraya rüzgâr attı...* demiş.

Bostancı bıyık altından gülerek sormuş:

-*Peki bunları kim kopardı?*

Nasrettin:

-*Rüzgâr beni oradan oraya savururken ne tuttuysam elimde kaldı...*

Bostancı oyunu sürdürmeye devam etmiş:

-Ya bu kadar kavunu, karpuzu çuvala kim doldurdu?

Nasrettin:

-Hah, işte! Ben de onu düşünüyordum zaten amca… deyip bostancıyı hayretler içinde bırakmış.

EŞEĞE NEDEN TERS BİNMİŞ

Sivrihisar'ın pazarı imiş. Abdullah Hoca, pazara alış veriş için küçük oğlu Nasrettin'i de götürmek istemiş:

Babası:

-Oğlum, demiş. *Eşeği ahırdan çıkar. Bin üstüne, Sivrihisar'a pazara gideceğiz.*

Nasrettin sevinerek eşeği ahırdan çıkarmış. Binek taşı önüne götürüp üzerine atlamış. Fakat ters oturmuş.

Babası:

-Oğlum, eşeğe neden ters bindin? diye azarlamış.

Nasrettin:

-Baba! Kusur yalnız ben de mi? Eğer eşek binek taşına ters durmasaydı, ben de hiç ters biner miydim? demiş.

BİLENLER BİLMEYENLERE ÖĞRETSİN

Nasrettin Hoca imamlık yaptığı köyde çocuklara okutmanlık da edermiş. Bir gün çocukları toplamış. Şöyle demiş:

-Çocuklar! Size anlatacaklarım var, biliyor musunuz?

Çocuklar:

-Hocam nereden bilelim? Bilmiyoruz, demişler.

Nasrettin Hoca:

-Bilmiyorsanız ne diye anlatayım, diyerek çocukları şaşırtmış.

Bir başka gün:

-Çocuklar! Size anlatacaklarım var, biliyor musunuz? diye sormuş.

Çocuklar bu kez:

-*Biliyoruz,* diyerek cevap vermişler.

O zaman Hoca:

-*Madem biliyorsunuz boşuna ne diye nefes tüketeyim,* deyip çocukları bir kez daha şaşırtmış.

Aradan epey zaman geçmiş. Nasrettin Hoca çocuklara yine seslenmiş:

-*Çocuklar! Size anlatacaklarım var, biliyor musunuz?* demiş.

Çocukların kimi:

-*Biliyoruz.* demiş.

Kimi:

-*Bilmiyoruz,* demişler.

Nasrettin Hoca "hoh hoh" gürelerek:

-*Öyleyse, bilenler bilmeyenlere öğretsin…* demiş.

Çocukları yine şaşırtmış.

PAPUÇLARIMI TEZ GETİRİN

Nasrettin Hoca, bir ağacın gölgesinde uyuyup kalmış. Çocuklardan biri oyun olsun diye Hoca'nın papuçlarını saklamış.

Hoca uykudan uyanıp bakmış ki papuçlar yerinde yok. Uzaktan merakla kendini seyreden çocuklara seslenmiş:

-Papuçlarımı hanginiz sakladıysa getirsin.

Çocuklar "kikir kikir" gülüşerek oralı olmamış.

Nasrettin Hoca, bu kez öfkeyle bağırmış:

-Papuçlarımı tez getirin. Getirmezseniz ben yapacağımı bilirim... demiş.

Çocuklar korkmuşlar. Sakladıkları yerden papuçları çıkarıp vermişler. Verirken de sormadan edememişler:

-Hocam, eğer papuçları getirip vermeseydik ne yapardınız?

Hoca "hoh hoh" gülerek:

-Ne mi yapardım? Evde duran öteki papuçları getirip giyerdim... demiş.

AT OKUMA ÖĞRENİR Mİ?

Anadolu Sultanlarından aklından zoru olan biri, vezirlerini huzuruna çağırtıp atına okuma öğretilmesini istemiş.

Vezirleri almış mı bir korku, bir telâş... Sultan'ım hiç ata okuma öğretilir mi deseler, ya kırk satır altına yatıp kelleleri gidecek ya da kırk katır kuyruğunda vücutları parça parça olacakmış.

Akıllarına Nasrettin Hoca gelmiş. Bu işin altından kalksa kalksa Hoca kalkar... demişler. Buldurup Sultan'a getirmişler.

-Sultan'ımız! demişler. Bu Hoca var ya!.. O öyle akıllı ki, isterse ata tersinden bile okuma öğretir.

Sultan sevinerek:

-Hoca, demiş. Göster bakalım hünerini... Sana üç ay izin.

Hoca başına bu belâyı saran vezirlere ters ters bakarak:

-Baş üstüne sultanım, deyip atı almış memleketine götürmüş.

Günlerce derin düşüncelere dalmış. Sonunda bir çözüm yolu bulmuş. Deriden kalın bir kitap diktirmiş. Sayfaları arasına avuç avuç arpa doldurmuş. Atı bir gün aç bırakmış. Bir gün kitap önünde yemlemeye tutmuş.

At sayfaları diliyle çevirerek yem yemeye alışmış. Arpa bulmuş, kütür kütür yemiş. Bulamamış, acı acı kişnemiş.

Gel zaman, git zaman... Sultanın verdiği üç aylık süre dolmuş. Nasrettin Hoca atı yedeğine almış. Sultan'ın kentine varmış.

Sultan sabırsızlanarak bir an önce atın okuduğunu görmek istermiş. Meydana bir sehpa kurulmuş. Hoca sehpanın üzerine kalın sayfalı kitabı yerleştirerek atı önüne sürmüş.

Hayvan kitabı görür görmez diliyle sayfaları birer birer çevirmiş. Arpa bulmuş yemiş. Bulamamış kişnemiş. Görenler de atı okuyor sanmış. Hayret edip parmakları ağızlarında kalmış.

Sultan da hayretini gizleyemeyerek:

-Aman Hoca! Atın okumasına diyecek yok da, ne okuduğu anlaşılmıyor...

Hoca vezirlere bakarak:

-At dilince Sultanım, at dilince! Onu da vezirlerin öğretirler sana... demiş.

AY KUYUYA DÜŞMÜŞ

Bir akşam babası Nasrettin'e:

-*Oğlum, haydi bahçeye çık. Kuyudan su çek. Soğuk soğuk içelim,* demiş.

Nasrettin kovayı almış. Kuyu başına varmış. Her taraf ay ışığı ile aydınlanmış, pırıl pırılmış.

Nasrettin kovayı sallandırmak için kuyuya eğilmiş. Bir de bakmış ay kuyunun içinde değil mi?

Eyvah! diye bağırmış. Ay kuyuya düşmüş. Hemen kurtarmalıyım.

Böyle deyip acele acele kovayı dibe salmış. Suya yansımış Ay'ı yakalamaya çalışmış. Aksilik bu ya! Kova dipte bir taşa takılmış, bir türlü gelmiyormuş.

Nasrettin ipe daha kuvvetli asılmış. İp kopmuş, sırtüstü yere düşmüş. Gökte duran Ay'ı görünce sevinerek:

-*Ooh, çok şükür!* demiş. *Düştüm amma, Ay'ı da kuyudan çıkardım,* demiş.

ÖĞÜT

Bir gün çocuklar Nasrettin Hoca'ya:

- *Hocam! Dünya'da herkes için en değerli şey nedir?* diye sormuşlar.

Nasrettin Hoca da:

-*Öğüt!* demiş.

Çocuklar bu kez:

-*Peki Hocam,* demişler. *En değersizi nedir?*

Nasrettin Hoca yine:

-*Öğüt!* demiş.

Çocuklar:

-*Hocam! Bir şey hem değerli, hem değersiz olur mu?* diye şaşkınlıklarını dile getirmişler.

Nasrettin Hoca "hoh! hoh!" gülerek:

-*Bakın çocuklar!* demiş. *Öğüt tutulursa en değerli şeydir. İnsanı birçok yanlışlıklardan, kötülüklerden korur. Tutulmazsa en değersiz şeydir. Nice iyilikler, güzellikler elden kaçmış olur.*

BEN SAĞKEN ŞU YOLDAN GİDERDİM

Nasrettin Hoca'nın tuhaflıkları bitmez. Anlayana her biri bir hikmettir.

Hoca bir gün damdan düşmüş. Ben öldüm deyip boylu boyunca yere uzanmış. Hiç kımıldamadan öylece yatarmış. Duyup gelenler, *"Ah, vah!"* ettikten sonra Hoca'yı yıkayıp tabuta koymuşlar. Mezarlığın yolunu tutmuşlar. Yolun çamurlu bir yerinde *"Oradan mı gitsek, şuradan mı?"* diye tartışmaya durmuşlar.

Tartışma uzadıkça uzamış. Hoca tabut içinde sıkılmaya başlamış. Sonunda dayanamamış, tabutun kapağını kaldırmış. Başını dışarı çıkararak:

-Yahu, amma da gereksiz yere uzattınız? Ben sağlığımda şu yoldan gidip gelirdim... demiş.

MONOLOG

Monolog tek kişilik oyun gibidir.

Bir öğrenci perde önüne gelir. Olayı anlatırken oyunda geçen kişileri ses, mimik ve davranış yönünden taklit eder.

LEYLEGO! LEYLEGO!

(Monologcu elinde değnekle perde önüne çıkar.)

Baharla birlikte leylekler de gelir. Her gelişlerinde bizim dama konarlar. Yuva yaparlar. Akşam sabah durmadan "*takır takır*" takırdarlar.

Leylekler takırdadıkça aklıma emmim oğlu Haso gelir. Haso'nun başına gelenleri size bir anlatsam gülmekten kırılırsınız. Anlatsam mı, anlatmasam mı acaba? Haydi anlatayım.

Efendim, Haso Arabistan'da çalışıp para kazanmak istemiş. Düşmüş yollara. Gide gide kumluk bir çöle varmış.

Çölde yere uzanmış sırtı kambur, suratı köse, kulakları kısa, boynu eğri bir hayvanla karşılaşmış.

Haso *"Cin mi, şeytan mı bu yaratık?"* diye düşünmüş. Çok yoruldum. Adım atacak gücüm kalmadı.

Cin de olsa, şeytan da olsa, yolu bu yaratığın sırtında devam edeceğim, demiş. Belki beni bir insan içine götürür.

Haso'nun görüp bilmediği bu yaratık ne imiş biliyor musunuz? Deveymiş, deve!..

Neyse uzatmayalım. Söze su katmayalım. Haso atlamış devenin sırtına.

(Elindeki değneğe binerek)

-Deh deh! demiş, kalkmamış. Çüş çüş! demiş, kalkmamış.

Ee, ne yapsın? Yakasından bir iğne çıkarmış. Saplamış devenin hörgücüne. Canı yanan deve ayağa fırlamış. Hızla lös lös koşmaya başlamış. Haso korkmuş. Deveyi durdurup sırtından inmek istemiş. Fakat deve var gücüyle koşmaya devam ediyormuş. Haso deveyi durduracak birileri var mı? diye sağa sola bakınırken uzakta birkaç leylek görmüş.

(Bir elini kaşı üzerine kor)

Haso bu leylekleri bizim dama konup yuva yapan leylekler sanmış. Başından şapkasını çıkarıp leyleklere sallayıp seslenerek memlekete haber göndermek istemiş:

Leylegolar! Leylegolar!

Hele beri uçun lov gurban

Bakın ne derim size!

Varırsınız bizim memlekete

Orada bir tepe

Tepede bir yapi

Yapıda bir yeşil kapi

Kapıda halka

Halkayı çalka.

(Bu sözleri söylerken belini komik komik kıvırtır.)

Çıkarsa bir şaşi

O bizim gomşi

Çıkarsa bir adam

Üstünde aba

Bıyıkları gaba

O bizim babo

Çıkarsa bir dane

Elinde dana

O bizim ana

Çıkarsa bir dane

Entari sari

O bizim kari.

Çıkarsa bir dane

Elinde baston

Ih! Ih! ede

O bizim dede.

Çıkarsa bir dane

Gözünde gözlük

Elinde iplik, iğne

O bizim nine.

Deyin, onlara!

Haso bindi bir alâmete

Gider kıyamete

Ya gelir

Ya gelmez

Haklarını helâl ede…

ÖZLÜ SÖZLER

Uzun söze ne gerek!
Az çizgi,
Çok anlatım...

Yurtta barış!
Dünyada barış!

Dünya çocukları!
Kardeşçe
Elele birleşin...

Doğa kirletilmesin!..

Göden göden gönderen

Gökten yağmur indiren

Toprak yağmur istiyor

Tekne hamur istiyor

Gıt gıt gıdak!

Yumurtam

Sıcak sıcak!

İnanmazsan

Gel de bak!

Kara tavuk

Sen çok yaşa!

Lezzet kattın

Ekmek aşa...

“Masalcı Dede” TED Samsun Kolejinde